푸른　바람이
너를　기다려

일러두기
이 책에서 인용한 성경은 대한성서공회의 《성경전서 새번역》을 따랐습니다.

푸른 바람이 너를 기다려

서지성

이매아자

여는 글 너의 손을 붙들고 7

첫 번째 이야기 대한민국에서 살아남기

솔직한 당신이 출발선입니다 12
다섯 가지 유형 중에 당신은? 18
'혹시'는 '역시'일 때가 많습니다 28
이대로 살다가는 답이 없습니다 34
실전 탐구 1 39

두 번째 이야기 푸른바람 탐구

대안 탐구를 시작하며 42
원래는 괜찮았다는 이야기 48
세상이 지금같이 된 이유와 결과 58
핵심은 자기중심성입니다 64
악순환에서 벗어나는 출발점 70
실전 탐구 2 75

닫는 글 스무 살 여름 147

세 번째 이야기 푸른바람의 깃발

이상한 선택을 해 온 하나님 86
하나님은 너를 싫어하지 않아 96
그만큼 소중하다는 이야기 102
푸른바람의 나라로 108
실전 탐구 3 113

네 번째 이야기 푸른바람의 라면

신과 함께라면 122
'특템'했으면, 꺼내 쓰자! 130
진짜 꿀을 빠는 인생 136
실전 탐구 4 145

여는 글

너의 손을 붙들고

세상에는
진심으로 노래하는 사람도 있다.

나는
어떤 사람으로 살고 싶은지 생각해 본다.

실패하면 안 되는 세상에서
막연한 두려움에 눌린 채 홀로 걷는 아이들.
그 친구들 손 꽉 붙들고 함께 걷는 어른이고 싶다.

"친구야,
무너지지 말고
살아 내 주렴."

- 루시드 폴, 〈아직, 있다〉 중에서

호잇!

대한민국에서 살아남기

나는 누구?

솔직히

대한민국에서
청소년으로 산다는 건

_____ 이다.

솔직한 당신이 출발선입니다

솔직히 대한민국에서는 청소년기를 보내는 것도, 어른이 돼서 사는 것도 쉬운 일이 아닙니다. 당신도 이미 사는 게 만만치 않다는 것 정도는 감 잡았겠지요. 대한민국 청소년이 얼마나 우울한 시기를 보내고 있는지는 여러 통계로 이야기할 수 있습니다. 하지만 그 사실을 증명하는 게 이 책의 목적은 아니니까, 당신이 일상에서 느끼는 '현실감'에서 시작할까 합니다. 출발선은 당신이 지금 살고 있는 '현재'입니다.

대한민국은 나쁘게 말하면, '실패해서는 안 되는 나라'입니다. 한 번이라도 삐끗하면 다시 시작하기가 쉽지 않고, 그렇게 해서 성공하기란 더 어렵기 때문입니다. 어른들은 한두 번 직장을 잃거나 사업에서 실패하면 다시 일어서기가 무척 힘듭니다. 청소년도 마찬가지입니다. 중학교 때까지 아무리 공부를 잘했어도 고등학교 올라가서 성적이 떨어지면 그때까지의 노력은 물거품이 됩니다. 그러면 원하는 대학교는 저만치 멀어집니다. 대학이라는 첫 단추를 잘 끼우지 못하면, 아무리 발버둥 쳐도 자기가 원하는 삶은 손아귀에서 빠져나가고 다 망치게 됩니다. 정말 그럴까요? 누가 우리 머릿속에 이런 그림을 심었는지는 몰라도 많은 사람이 정말로 그렇게 생각합니다.

그래서 실패할지 모른다는 두려움 때문에 눈부신 '현재'는 제대로 누리지도 못한 채 한 번뿐인 청소년기를 보냅니다. 실패하면 안 되는 나라의 부모들은 자기 자식만큼은 실패하지 않아야 한다는 공포에 시달립니다. 실패하면 안 되는 나라의 아이들은 지금 안 해도 나중에 다 할 수 있다는 어른들 생각을 따르며, 올 수도 있고 오지 않을 수도 있는 미래의 행복만을 위해 삽니다. 이처럼 우리는 현재를 지불하고 미래만을 위해 사는 것에 익숙합니다. 그래서인지 현재를 살지 못하는 청소년은 차라리 빨리 어른이 되었으면 하고, 청소년 때 현재를 살지 못했던 어른들은 오히려 그 시절로 돌아갔으면 하고 바랍니다. 만약 그렇다면 청소년이든 어른이든 자기 삶에 만족하지 못하는 사람이 대다수인 셈입니다. 이런 세상에서 청소년인 당신은 어떻게 살아야 할까요? 그 세상 안에 답이 있을까요?

가장 확실한 방법은 한 살이라도 어릴 때, 가능하기만 하면 이 나라를 떠나는 것입니다. 좀 더 나은 환경과 미래가 보장된 나라에서 그 나라 시민이 되어 새로운 인생을 준비할 수 있다면 얼마나 좋을까요.

이 책은 당신에게 스무 살이 되기 전에 이 나라를 떠나 다른 나라 시민이 되라고 권하는 책입니다. 그래야 하는 이유와 방법을 알려 주는 책이기도 합니다. 그렇다고 대한민국 청소년으로 살면서 불행하거나 답이 없는 친구만을 위해 쓰지는 않았습니다. 현재의 삶이 그리 부정적이지 않은 청소년도 있습니다. 사랑하는 사람들이 있고, 행복한 이유도 분명하고, 성공하기 위한 계획도 착착 이루어지고 있을지 모릅니다. 참 다행입니다. 그런데 그런 사람도 쉽게 빠질 수 있는 함정이 있는데, 스무 살 전에 짚고 넘어가는 게 좋습니다.

자, 그럼 시작해 볼까요. 당신은 실패해서는 안 되는 나라에서 어떤 청소년으로 살고 있나요? 당신은 누구신가요?

우리는 모두 다르지!

뉘시오

하나. 성공의 법칙을 따라 살고 있소.

둘. 실패하지 않기 위해 애쓰고 있소.

셋. 이번 생엔 틀렸으니 먼저 가시오.

넷. 됐고, 그저 재미있으면 그만이외다.

다섯. 이건 아닌 것 같아, 길을 찾고 있소.

이도
저도
아니라면
뉘신지요.

다섯 가지 유형 중에 당신은?

첫 번째, 성공 법칙에 따라 사는 유형

나는 성공하는 법칙을 잘 알고 있으며, 그 법칙에 능통한 부모를 만났다. 그래서 성공의 길을 무난히 찾아서 가고는 있지만, 내가 치러야 하는 대가도 만만치 않다. 시간을 허투루 쓰지 않는 집요함과 성실함은 기본이고, 자신과의 싸움에서 정신 줄도 놓지 않아야 한다. 공부를 잘한다는 것은 내가 성실하고 자기관리에 유능하며 '멘탈'이 좋다는 증거이다.

두 번째, 실패하지 않으려 애쓰는 유형

나는 실패해서는 안 되는 나라에서 성공하기 위해 도전하고 노력하는 청소년이다. 실패하지 않기 위해 몸부림치며, 지금보다 더 나아지려고 애쓰고 노력한다. 조금만 더 노력하면 될 것 같은데 그게 잘 안 되고, 헛발질하는 느낌이랄까? 뭔가 부족하다. 그래서 노력한 만큼 불안하고, 간절한 만큼 허탈하다. 출발선이 다른 친구들을 볼 때는 좀 부럽다.

세 번째, 사실은 이미 포기한 유형

아무도 모르지만 나는 스스로 '루저'라고 생각한다. 어차피 안 되는 거, 일찌감치 마음을 접고 포기해 버렸다고 해야 하나? 하지만 따지고 보면 꿈이란 것을 가져 본 적 없으니 포기한 적도 없다. 뭐라도 새롭게 시작해 보고 싶은 마음이 없는 것은 아니지만, 그게 뭔지도 그 방법도 모르겠다.

네 번째, 고민 없이 잘 노는 유형

나는 사람들 이야기가 무슨 소리인지 잘 모르고

관심도 없다. 지금 재밌으면 그만이다. 물론 가끔 불안하기는 해도 큰 걱정 없이 하루하루 재미있게 보내면 괜찮다. 그리고 세상에는 자기가 좋아하고 재미있는 일을 하면서 돈도 잘 버는 사람들이 얼마든지 있다. 그게 내가 아니라는 것이 함정이지만, 그래도 아직 아니라는 거지, 계속 아니라는 것은 아니니까.

다섯 번째, 뭔가 다른 길을 찾는 유형
나는 아직 뭔지 정확히는 모르겠는데, 고심하며 다른 무언가를 찾고 있다. 적어도 이대로는 살지 못하겠고, 제대로 사는 게 아니지 않나 하는 막연한 질문이 가슴 한편에 있다. 경쟁해서 줄 선 순서대로 대학을 가고 직장을 얻는 것은 결국 상중하로 나뉜 사회의 부속품이 되는 것 같다. 그렇다고 좋은 학교와 직장을 아예 무시하고는 살 수 없는 세상에서 정답이 없다면 대안이라도 찾고 싶다.

지금 이 책을 읽고 있는 당신은 어떤 유형에 가까운가요? 물론 두세 유형이 섞여 있을 수도 있습니다. 자유롭게 자신을 설명해 보세요. 만약 이 다섯 가지 유형으로 자신을 설명하기 어렵다면, 자신만의 방식으로 표현해도 좋습니다.

구체적으로 나를 설명하기

1. 내 머릿속은?

2. 내 인생에는?

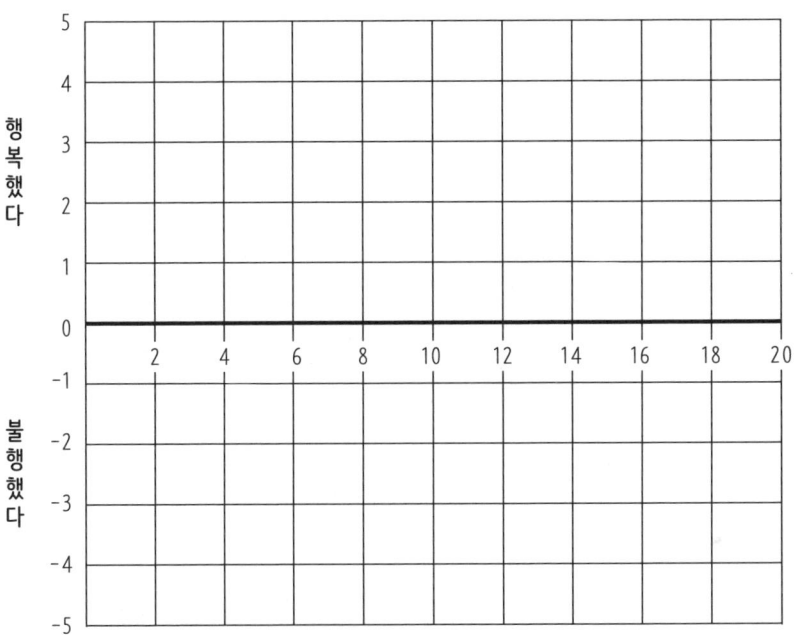

각 나이의 중요 사건을 생각해 보고, 그 사건의 행복지수를 표시한 다음, 이유를 설명해 봅시다.

마음껏 나를 표현하기

SNS에 올린 요즘 생각도 좋고, '프사'들로 자신을 표현해도 좋습니다.

이렇게 쭈욱 가는 거야?

혹시

모두에게 공평한 기회를 주어
자기 능력을 발휘하도록 하고
그렇게 해서 국민의 삶을 고르게 나아지게 하겠다거나

우리 아이들에게는
안전과 자유와 행복이 영원히 보장되는
그런 나라가 되게 하겠다는

뭐- 이런 내용이
우리나라 헌법에 들어 있다면,

① 좋겠습니다
② 그걸 누가 믿겠냐
③ 우리나라 좋은 나라
④ ㅈㄹㅎㄴ ㅇㄷㅅ ㅇㅇ ㅍㅇ
⑤ _____

'혹시'는 '역시'일 때가 많습니다

청소년 시절, 저는 심심하면 아버지 책들을 별생각 없이 꺼내 읽곤 했는데요, 하루는 책꽂이에서 법전을 발견하고는 '우리 집에 법전이 다 있네?' 하며 신기해했습니다. 그런데 한국 사람 집에 한국 법전이 있는 게 이상한 일인가 싶어서 열어 봤습니다. 그런데 법전 처음에 등장하는 헌법 전문은 내가 얼마나 이론과 실제가 다른 곳에 살고 있는지를 알려 주었습니다.

헌법 전문은 대한민국이 어떤 나라인지를 설명하기 위해 헌법

대한민국 헌법 전문

유구한 역사와 전통에 빛나는 우리 대한국민은 3·1운동으로 건립된 대한민국임시정부의 법통과 불의에 항거한 4·19 민주이념을 계승하고, 조국의 민주개혁과 평화적 통일의 사명에 입각하여 정의·인도와 동포애로써 민족의 단결을 공고히 하고, 모든 사회적 폐습과 불의를 타파하며, 자율과 조화를 바탕으로 자유민주적 기본질서를 더욱 확고히 하여 정치·경제·사회·문화의 모든 영역에 있어서 **각인의 기회를 균등히 하고, 능력을 최고도로 발휘하게 하며,** 자유와 권리에 따르는 책임과 의무를 완수하게 하여, 안으로는 **국민생활의 균등한 향상을 기하고** 밖으로는 항구적인 세계평화와 인류공영에 이바지함으로써 **우리들과 우리들의 자손의 안전과 자유와 행복을 영원히 확보할 것을 다짐하면서** 1948년 7월 12일에 제정되고 8차에 걸쳐 개정된 헌법을 이제 국회의 의결을 거쳐 국민투표에 의하여 개정한다.

1987년 10월 29일
대통령 전두환
국무총리 김정렬

맨 앞에 나오는 글입니다. 우리나라가 무엇을 계승하고, 무엇을 추구하고, 무엇을 다짐하는 나라일까요? 29쪽 글을 천천히 읽고 나서 어떤 생각이 드는지 곱씹어 봅시다.

모든 사람이 똑같이 기회를 얻고, 능력을 마음껏 발휘하며, 생활이 균등하게 나아지는 나라라니, 믿을 수가 없었습니다. 우리나라가 말로는 이렇게 멋진 나라구나 싶었습니다. 그 시절에 저는 제 현실과 우리나라 헌법이 너무도 다르다는 사실에 충격을 받았습니다. 더군다나 이 헌법 전문에 서명한 대통령이 군대를 동원해 권력을 장악한 사람이라는 사실을 훗날 알고 나서 얼마나 더 씁쓸했는지 모릅니다.

청소년인 당신은 이 헌법 전문을 보고 어떤 생각이 드나요? 지금 우리에게 자기 능력을 발휘할 기회가 공평하게 주어지나요? 우리나라 국민의 삶은 균등하게 나아지고 있나요? 어린이와 청소년에게 안전과 자유와 행복이 보장되고 있나요? 그렇지 않음을, 우리는 이미 잘 알고 있습니다. 이런 세상에서 우리는 도대체 어떻게 살아야 하는 걸까요?

실패해도 괜찮은 나라로~

이대로 살다가는

갑질을 하거나
갑질을 당하거나
둘 중 하나일 게 뻔하다.

스무 살이
되기 전에
이 나라를 떠나자.

그럴 수
없는 형편이라면
상상이라도 해 보자.

실패하면
안 되는 나라에서
실패해도 괜찮은 나라를.

이대로 살다가는 답이 없습니다

저는 처음에 이 책의 제목을 "스무 살이 되기 전에 이 나라를 떠나라"로 하고 싶었습니다. 당신이 우리 사회에서 이대로 살면 결국 둘 중 하나일 가능성이 큽니다. 갑질을 하거나 갑질을 당하며 살 텐데, 대다수는 후자일 확률이 높습니다. 이 비참한 확률 게임에서 벗어나는 길은 이 나라를 떠나 다른 세상에서 사는 것입니다. 하지만 아직 우리 힘으로는 세상을 바꿀 수도 없고 이 나라를 떠날 수도 없으니 잠시 상상을 해 봅시다.

정말 괜찮은 나라가 있고, 그 나라 청소년으로 살다가 어른이 될 수 있다면! 이론과 실제가 다르지 않고 추구하는 가치가 실현되는 나라, 그런 나라의 시민이 될 수 있다면! 성인이 되기 전에 그 시민권을 선택할 기회가 당신에게 주어진다면! 어떻게 하시겠어요? 너무 쉬운 질문이지요. 선택하지 않는 사람이 바보일 겁니다. 만약 당신이 새로운 시민권을 주저 없이 선택했다면, 한국 사회에 살면서 실망과 고통을 경험하며 '이건 아니지 않나?' 하는 질문을 이미 해 온 친구이겠지요.

내가 원하는 삶의 모습과 현실이 너무나도 달라서, 나이 들고 어른이 될수록 나와 주변 사람과 세상에 실망하고 원망만 커질 것 같아서 마음이 조금이라도 무겁다면, 그런 당신과 함께 질문해 보고 싶습니다. '이렇게 사는 게 인생의 본질도 아니고, 전부도 아닐 텐데'라고 묻는 당신과 함께 탐구해 보고 싶습니다. 이 세상을 누군가가 만들었다면, 애초에 생각해 놓은 것이 있지 않을까요? 아무렴 지금 같은 곳을 만들려고 했을까요? 더 무너지지 않고 후회 없이 살기 위해서라도 새로운 삶은 탐구해 볼 만한 가치가 충분합니다.

스무 살이 되기 전에,
오십시오.
실패하면 안 되는 나라에서,
실패해도 괜찮은 나라, 푸른바람의 나라로!

우리가 사는 세상 전체가 깨진 상태라서 어느 나라 사람으로 살아가든 이대로는 답이 없음을 알아차린 사람들에게, 기독교의 성경은 이렇게 초대합니다. "온 세상의 회복을 위해 일하고 계신 하나님과 그분이 다스리는 나라를 발견하고, 그 나라 시민이 되어 살아가면 어떨까요?" 그 선택이 상식적으로도 말이 되고 합리적이라고 성경은 강조합니다.

그런 점에서 이 책은 무신론이 옳은지 유신론이 옳은지를 따지거나 진화론과 창조론을 비교하는 책이 아닙니다. 법과 현실이 다르고 어디나 할 것 없이 깨진 세상에서 살아가는 청소년들에게 이대로 살지 아니면 다르게 살지를 묻는 책입니다. 세상을 이해하는 방식과 하나님이 일하시는 방식을 성경이 알려 준 대로 설명하는 책입니다.

실전 탐구 1

1. 지금처럼 계속 산다면 10년 후에는 어떤 사람이 되어서 무엇을 하고 있을까요?

2. 우리가 바라는 세상은 실제 세상하고는 무척 다릅니다. 저자는 세상이 깨져서 그렇다고 진단하는데, 맞는 것 같나요? 깨지고 망가지기 전에 세상은 원래 어떤 곳이었다고 하나요?

3. 스무 살 전에 다른 삶을 탐구해 보자는 제안에서 어떤 느낌이 들었나요? 살짝 기대가 생겼다면 적어 볼까요?

우와!

푸른바람 탐구

대안 탐구를 시작하며

그럼 이제, 어떻게 하면 실패하면 안 되는 나라에서 다르게 살 수 있는지를 탐구해 봅시다. 10년 뒤에 무엇을 하고 있을지 불안하고, 깨진 세상이라니 더더욱 무슨 수를 써서라도 어떤 성공이든 해야 안전할 것 같나요? 그래서 보험 하나 들듯이 종교를 탐구해 볼 수 있습니다. 그래도 괜찮습니다. 우리는 자기 욕심을 따라 새로운 삶을 모색할 수밖에 없지만, 다행히 기독교의 신神은 그런 우리를 위해 이미 자기 목숨을 내놓았습니다.

자기 목숨을 주고 사람들을 건져내어 실패하면 안 되는 나라에서 실패해도 괜찮은 나라로 옮겼고, 망가진 세상에 갇힌 사람들을 끄집어내 푸른바람의 나라 시민으로 삼아 주었습니다.

그런데 아무리 성경에서 이야기하는 식으로 생각해 봐도 신이 사람들을 깨진 세상과 답 없는 인생에서 구해 내서 자기 나라 시민으로 삼는다는 게 말이 안 됩니다. 신에게는 그럴 만한 이유가 없고, 우리에게는 그럴 만한 자격이 없습니다. 사실 성경에서 가장 말이 안 되는 게 바로 이 부분입니다. 우리는 말도 안 되게 고마울 때 '은혜'를 입었다고 합니다. 성경에서는 신이 자격 없는 인간에게 아무런 대가도 받지 않고 선물을 거저 주었는데, 그것을 은혜라고 이야기합니다. 제가 마음이 급해서 먼저 튀어나왔는데, 은혜에 관해서는 뒤에서 다시 다루겠습니다(102쪽 참조).

사실 이토록 실망스러운 세상, 곧 망해도 이상할 것 하나 없는 세상이 유지되는 것도 신이 사람을 포기하지 않고 세상을 지탱하며 회복하고 있기 때문입니다. 신은 자기 목숨과 바꿀 만큼 소중한 당신과 함께 세상을 회복하는 일을 하고 싶어 합니다. 우리 이전에도 신이 원래 바랐던 나라를 발견하고 신과 함께 그 나라를 일군 이들이 있었습니다. 꺾이지 않는 신의 꿈과 그들이 있었기에 인간 역사는 때로 후퇴하기도 했지만 지금 우리가 서 있는 여기까지 전진해 왔습니다.

    인간의 역사, 그 시작과 끝을 기독교가 어떻게 바라보고 있는지를 이제 살펴보려고 합니다. 성경 속 신이 어떤 꿈과 계획을 품고 세상을 만들고 사람을 지었는지, 그 신을 믿고 따르는 이들이 어떤 시선으로 세상과 사람과 인생을 바라보는지를 알아보려고 합니다.

    여기서 당신에게 한 가지 부탁하고 싶은 게 있습니다. 일부 일그러지고 부끄러운 교회나 교인들 때문에 기독교의 신이 원래 바랐던 푸른바람의 나라까지 내다 버리지는 말아 주세요. 언제나 그렇듯이 좋은 것일수록 '짝퉁'이 많은 법이니까요. 당신 인생은 소중합니다. 그 시간을 허비하지 않을 새로운 선택이 필요하다면 정말로 무엇이 가능한지 적극적으로 탐구해 보세요. 그러면 이제 우리가 사는 세상이 원래 어떤 곳이었는지, 어쩌다 이런 곳이 되었는지, 해결책은 과연 있는지 살펴봅시다.

"언제부터 거기 계셨어요?"

"언제나, 항상"

원래

세상은
괜찮았다고 한다.

사람은
신과 소통하며,

자신을
충분히 사랑하고,

다른 이를
소중히 여기며,

신과 함께
이 세상을 더 나은 곳으로 만들어 가는

그런
존재였단다.

_____ , 근데 왜 이렇게 된 거냐고.

원래는 괜찮았다는 이야기

　기독교의 '진리'를 다른 말로 하면, 세상을 만든 신이 인간에게 들려주고 싶어 하는 이야기입니다. 성경은 그 내용을 기록한 책입니다. 성경은 세상과 인간이 우연히 만들어지지 않았으며, 신이 계획해서 창조했다고 말합니다. 신이 창조한 세상에서 인간은 신과 소통하는 사이였습니다. 그러면서 자신을 충분히 사랑하는 법을 배우고 그만큼 다른 사람도 소중히 여겼습니다. 다른 생명들과도 조화롭게 살아가며 신에게 선물로 받은 세상을 신과 함께 더 나은 곳으로 만들어 갔습니다. 이것이 성경의 출발점입니다.

신의 원래 계획이 무엇인지는 우리가 맺는 네 가지 관계, **하나님과의 관계, 자신과의 관계, 이웃과의 관계, 세상과의 관계**로 풀어서 설명할 수 있습니다. 우리 인생의 모든 영역이 이 네 관계에 포함됩니다. 그래서 넷 중 어느 하나라도 문제가 생기면 우리 삶은 기우뚱할 수밖에 없고, 결국 무너지게 됩니다. 이 네 관계는 신이 당신에게 주고 싶었던 나라, 실패해도 괜찮은 나라인 푸른바람의 나라의 뼈대와도 같습니다.

계획 1. 하나님과의 관계

인간은 하나님과 인격적 관계를 맺을 수 있는 존재로 지어졌습니다.

"인간과 동물의 다른 점이 무얼까?"라고 질문하면 직립보행이라는 답이 종종 나옵니다. 그때 저는 이렇게 답합니다. "도시에 사는 비둘기를 잘 살펴봐라. 그들도 직립보행을 한다." 맞습니다. 인류학에서는 호모 하빌리스, 호모 에렉투스, 호모 사피엔스 같은 학명으로 인간을 진화 단계에 따라 정의하고 고유한 특징을 이야기합니다. 그렇다면 성경에서 말하는 인간의 가장 큰 특징은 무엇일까요? '인격적 존재'로 지어졌다는 점입니다. 그래서 인간은 하나님과 사랑을 주고받을 수 있고, 그 마음도 헤아릴 수 있으며, 자기 의지에 근거해 하나님이라는 존재에 반응할 수 있습니다. 달리 말하면, 인간은 하나님을 알아 갈 수도 있고, 무관심할 수도 있고, 또한 기쁘게도 할 수 있고, 슬프게도 할 수 있습니다. 하나님은 자신이 창조한 존재와 자발적인 깊은 사랑을 주고받고 싶어 하시는, 인격적인 분입니다.

우리는 하나님과 인격적 관계를 맺을 수 있는 존재입니다. 성경은 이것을 인간의 가장 중요한 특성이라고 합니다. 하나님이 창조한 인간의 본질과 가치는 여기에 있습니다. 이것이 인간과 다른 모든 존재를 구별하는, 인간만이 가진 독특함입니다. 이것이 성경이 말하는 인간의 가치이며, '하나님께서 당신에게 알려 주고 싶어 하는 내용'입니다.

계획 2. 자신과의 관계

인간은 자기 자신을 사랑할 수 있는 존재로 지어졌습니다.

자기를 사랑하지 못하는 사람은 다른 사람도 사랑하기 어렵다는 사실을 우리는 잘 압니다. 그래서 건강한 자기 사랑은 참 중요합니다. 건강하게 자신을 사랑한다는 것은 자기 장단점을 잘 알고 누리는 것입니다. 그 사랑은 결정적 순간에 자기 잘못이나 부족함을 인정하는 힘도 됩니다. 그런데 인간이 자기를 있는 그대로 '좋다'고 하거나 '괜찮다'라고 할 수 있을까요? 자신을 아무런 조건 없이 사랑해 주는 누군가를 만난다면 가능합니다. 성경은 하나님이 우리를 사랑받을 만한 존재로 지으셨다고 말합니다. 당신이 당신 자신을 하나님의 시각으로 바라보기 시작하면, 자신을 사랑할 수 있습니다. 조건 없는 사랑과 가장 닮은 사랑이 부모의 사랑인데, 무조건적이고 건강한 사랑을 부모에게서 받으며 자라는 것은 크나큰 행운입니다. 하지만 부모 역할도 실은 모두 다 처음 해 보는 것이라서 서툰 부모도 많습니다. 저 역시 서툰 부모입니다만, 성경의 하나님은 그런 우리에게 아무런 조건 없이 사랑받을 자격이 충분하다고 이야기합니다.

    인간은 아무런 조건 없이 사랑받을 때 자신을 진짜로 사랑할 수 있습니다. 인간은 인격적인 하나님께서 주시는 무조건적 사랑을 받고, 그 사랑으로 자신을 있는 그대로 사랑할 수 있습니다. 그렇게 지어졌습니다. 이것이 당신을 포함해서 모든 사람이 가장 듣고 싶어 하는 이야기이며, '하나님께서 당신에게 알려 주고 싶어 하는 내용'입니다.

계획 3. 이웃과의 관계

인간은 이웃을 사랑할 수 있는 존재로 지어졌습니다.

    사람이 자신을 있는 그대로 건강하게 사랑하면 마음이 여유로워집니다. 자신을 괜찮은 사람으로 생각하는 만큼 다른 사람도 괜찮은 사람으로 생각하게 됩니다. 하나님은 우리가 하나님의 인격적 사랑을 누리는 존재가 되어 자신을 사랑하고, 곁에 있는 가족이나 이웃과도 사랑하는 관계를 맺기 원하십니다. 이것이 세상을 지으신 하나님의 원래 계획입니다. 인간을 이기적 동물이라고 하면서도 동시에 사회적 동물이라고 하는 것도 바로 이 때문입니다. 우리는 누구나 무조건적 사랑을 받기 원하고, 또 그렇게 사랑하고 싶어 합니다. 자신을 있는 그대로 받아 주는 사람이 있기를 바라고, 자신도 그런 사람이 되고 싶어 합니다. 다른 사람과 인격적 관계를 맺으면서 사랑을 주고받고 싶어 하는 것이 우리의 참모습입니다. 승자독식 논리로 돌아가는 세상을 보면서, 부당한 폭력을 당하는 약자를 보면서, 깨진 세상을 본능적으로 거부하며 뭔가 잘못됐다고 생각하는 까닭은 우리가 그런 존재이기 때문입니다. 사랑을 주고받아야 하는 존재로 지어진 우리는 누군가를 깊이, 아무런 조건 없이 사랑할 때 가장 큰 행복을 누립니다. 그래서 사람은 누군가를 미워할 때 불행한 존재가 됩니다.

원래 인간은 하나님과 인격적 관계를 맺는 존재로 지어졌으며, 그래서 인간은 자신을 충분히 사랑할 수 있고, 그만큼 타인을 사랑할 수 있는 존재입니다. 그 사랑이야말로 인간이 살아가는 이유이며, '하나님께서 당신에게 알려 주고 싶어 하는 내용'입니다.

계획 4. 세상과의 관계

인간은 세상을 사랑하며 '경영'하도록 지어졌습니다.

사람이 누군가를 충분히 사랑할 수 있게 되면, 그 다음에는 그들과 함께 사는 세상을 건강한 방식으로 만들어 가게 됩니다. 성경의 언어로 표현하면, 하나님의 원래 계획이 실현되는 세상을 꿈꾸게 됩니다. 하나님께서 세상을 다스리시고, 그 보살핌 아래에서 건강하게 살아가는 방식입니다. 그런데 우리는 '다스린다'라는 말에 거부감이 있습니다. 책임과 권한을 가진 사람에게서 좋은 경험을 해 본 적이 별로 없기 때문입니다. 하지만 성경에서 말하는 다스림은 창조주 하나님이 자신이 지은 생명과 세상을 소중히 대하신다는, 즉 사랑과 정의로 세상을 경영하신다는 뜻입니다. 다스림을 받는 대상이 가진 가치를 최대한 끌어올려서 드러나게 하려고 애쓰고 수고한다는 의미입니다. 하나님은 인간에게 세상을 선물로 주셨고, 인간이 창조성을 발휘해 그 세상을 다스리기 원하셨습니다. 하나님의 최고 작품인 인간은 하나님의 속성인 창조성을 받았으므로 세상을 더 나은 곳으로 끌어올리는 영광스러운 삶을 살기에 적합했습니다. 지금 우리가 그런 삶이 가능한 나라의 시민이 된다면, 우리는 자기 역할을 찾아 기쁘게 그 일을 하면서 진정한 삶의 의미까지 발견할 수 있습니다.

원래 인간은 하나님을 사랑하고, 자신을 사랑하며, 다른 사람도 사랑할 줄 아는 존재입니다. 또한 인간은 세상을 경영하는 신의 일에 동참하여 인생의 목적을 발견하고 누립니다. 이러한 사실들이 인간이 살아가는 방식을 결정하며, '하나님께서 당신에게 알려 주고 싶어 하는 내용'입니다.

뭐야, 이건 아닌데…

단절

신은
없거나 죽었거나 소용없다.

나는
내가 마음에 들지 않는다.

친구는
먹이사슬에 불과할 뿐이다.

세상은
돈만 잘 벌면 괜찮다고 한다.

세상이 지금같이 된 이유와 결과

　　신이 인간에게 원래 주려고 했던 삶과는 다른 모습을 하루에도 여러 차례 만납니다. 당신 자신을 생각할 때 한숨이 나오거나 답답함이 밀려온다면, 관계가 심하게 틀어진 사람 때문에 지금도 괴롭다면, 인생의 의미는 잘 모르겠고 어쨌든 돈 잘 버는 직업이 갖고 싶다면, 당신은 당신 자신과 다른 사람과 세상과의 관계에서 어떤 균열을 경험하고 있는 것입니다. 성경은 그 모든 균열과 깨어짐의 원인이 하나님과의 관계가 깨진 데서 온다고 말합니다. 하나님과 '단절'되기 전에 인간이 어땠는지를 알려 주는 성경 구절이 창세기 3장 8절입니다. 원래 인간에게는 특별한 능력이 있었습니다. 상상력을 발휘해서 읽어 볼까요.

> 그 남자와 그 아내는 날이 저물고 바람이 서늘할 때에 주 하나님이 동산을 거니시는 소리를 들었다(창세기 3:8상).

문학적 표현이지만, 인간이 망가지기 전에는 신을 제대로 인식할 수 있었습니다. 신을 인식하는 능력이 있는, 적어도 다른 동물들과는 급이 다른 존재였죠. 하나님과 함께 거닐며 소통하고, 그에 반응하며 행동하는 사람, 이것이 바로 당신과 저의 진짜 모습, 하나님께서 원래 계획하신 사람입니다. 안타깝게도 하나님과 관계가 끊어진 사람은 이런 특별한 능력을 완전히 잃어버리고, 하나님과의 소통은 물론이고 다른 사람과의 소통도 어려워지고, 심지어 자기 마음도 잘 모르는 채로 살아갑니다.

> 남자와 그 아내는 주 하나님의 낯을 피하여서, 동산 나무 사이에 숨었다(창세기 3:8하).

성경 속 '아담과 하와'에게 일어난 일의 핵심은 '사람이 하나님을 피해 숨었다'는 것입니다. 인간은 하나님을 피해 숨었고, 그때부터는 하나님이 없다고 생각하며 하나님과의 단절을 선택합니다. 그러자 결국 인간은 자신과의 관계도 망가지고 다른 모든 관계 역시 불안정해져서 깨진 세상을 초래합니다. 깨진 세상에서 우리는 끊임없이 공부를 잘하라거나 무시 받지 않으려면 돈을 벌어야 한다는 요구를 받습니다. 그것이 무슨 대단한 비결인 양 사람들은 가슴에 품고 삽니다. 그런 정보나 요구 말고 인생에 관한 다른 '꿀팁'을 들어본 적 있나요? 아마도 별로 없을 것입니다. 하나님과의 관계는 잘 모른다고 해도 우리 인생에서 무너져서는 안 되는 영역, 자신과의 관계, 친구와의 관계, 세상과의 관계는 지금 어떤가요?

자신이 마음에 안 들지만 그렇다고 어쩔 수도 없는 현실 속에서, 자신과의 관계는 건강한가요? 다 먹이

사슬에 불과하고 큰 사건에 엮이지만 않으면 다행인 사이로 지내면서, 친구와의 관계가 깊어지던가요? 돈 잘 버는 직업만 선택할 수 있으면 정말 다행이라고 생각하니까, 세상이 어떻게 되든 별 상관없어지던가요? 불행한 현재를 살면서 계속 불행할 미래를 위해 열심히 돌진하는 인생이 되어서는 곤란합니다. 우리가 매일 마주하는 현실이 하나님과 단절하기로 선택한 사람들이 지금까지 내놓은 결과라면, 이제 그 원인이 무엇인지를 살펴볼 차례입니다. 무엇이 그들의 발목을 잡고 있는지를 직시해야 합니다. 그것은 똑바로 그 앞에서 우리 자신을 비춰 보아야 하는 거울이기도 합니다.

내가 이렇게 산다는데, 이렇게 본다는데!

본질

나만 아니면 돼.
나는 가해자도 피해자도 아니다.
그것보다는 이번 주가 기말이다.

나만 편하면 돼.
내가 바꿀 수 있는 것도 아니고
그런 거는 누군가 알아서 하겠지.

나만 잘살면 돼.
누굴 배려할 형편도 아닌 데다
내가 여기까지 어떻게 왔는데.

핵심은 자기중심성입니다

　인간이 신과 관계를 끊고 스스로 세상을 꾸려 온 결과가 지금 같은 세상입니다. 성경은 이렇게 된 원인을 '죄'라고 합니다. 일반적으로 죄라고 하면 범죄 행위나 나쁜 행동을 떠올립니다. 하지만 그것은 죄의 열매일 뿐 죄의 뿌리가 아닙니다. 그렇다면 죄의 뿌리는 무엇일까요? 뿌리를 알아야 거기서 무엇이 자라나서 어떤 열매를 맺는지 알 수 있습니다. 그리고 그제야 죄의 본질과 심각성을 제대로 파악할 수 있습니다.

성경은 죄SIN의 뿌리를 자기중심성I-centeredness이라고 합니다. 자기 중심으로 생각하고 말하고 행동하는 자기중심성은 너무나 자연스러운 우리 모습인데 이것이 왜 죄의 뿌리일까요? 먼저, 자기중심성이 일상에서 어떤 식으로 자연스럽게 나타나는지 살펴봅시다.

"장난이었어요." 학교폭력 가해자들이 주로 하는 변명 중 하나입니다. 친구를 괴롭히려는 목적이나 나쁜 의도는 없었다는 말이지만, 재미로 누군가에게 폭력을 행사하고 괴롭히는 것이 괜찮다는 생각이 깔려 있습니다. 자신의 재미나 스트레스 해소가 우선이라는 자기중심성이 날것 그대로 드러납니다. 폭력을 써서 친구를 괴롭혔는데도 나쁜 의도가 없었으니 괜찮은 것 아니냐는 변명조차 폭력이나 괴롭힘 못지않게 자기중심적입니다. 그러면 가해자도 아니고 피해자도 아닌 대다수 학생, 어쩌면 당신도 포함될지 모르는 이들의 생각은 어떨까요? 학교폭력은 많은 경우 방관자들 때문에 사라지지 않고 계속됩니다. 먹이사슬 비슷한 친구 관계에서 나만 아니면 된다는 생각 역시 본질은 자기중심성입니다.

다음으로 환경문제를 생각해 볼까요. 환경문제가

심각하다는 사실은 모두 잘 압니다. 그런데 자기가 뭘 어떻게 해야 할지에는 별 신경을 안 씁니다. 내가 신경 쓴다고 크게 달라질 것도 아니고, 그런 문제는 환경에 꽂힌 사람들이나 정부 차원에서 하고 있고 또 해야 할 일 아닌가 하고 생각합니다. 환경문제를 대충 알지만 깐깐하게 굴기보다는 자연스럽게 편한 쪽을 선택하는 것이 우리 평범한 일상입니다. '누군가 알아서 하겠지'라며 방치한 결과가 기상이변과 감염병 같은 위기로 계속 찾아옵니다. 이 모든 위기의 본질도 실은 인간의 자기중심성입니다.

끝으로, 더불어 사는 이야기를 해 봅시다. 가끔 올림픽에서 육상 경기 중에 한 선수가 쓰러졌는데 다른 선수가 일으켜 세워 주면 모두가 감동하고 방송에도 나옵니다. 우리가 그런 장면에 뭉클해지는 이유는 우리 주변에서는 그런 일이 별로 일어나지 않기 때문입니다. 실패하면 안 되는 세상에서, 치열한 경쟁 사회에서 누군가를 배려하는 일은 무척 어렵습니다. 나에게 그렇게 해 주는 사람도 없고 나도 그럴 형편이 아니죠. 더군다나 내가 애써서 이룬 것을 나만큼 노력하지도 않고 자격도 없는 사람과 나누자고 하면 솔직히 싫습니다. 억울해서라도 그렇게는 안 합니다. 그런 일은 말도 안 된다고 생각하며 그렇게 살지 못하게 만드는 뿌리도 결국은 우리 밑바닥에 있는 자기중심성입니다.

> 남이 죽을 만큼 고통스럽든 말든,
> 내가 재밌는 것을 하게 만드는 것이
> 자기중심성입니다.
> 나만 아니면 되므로,
> 무슨 일이 벌어지든 못 본 척하게 만드는 것이
> 자기중심성입니다.
> 환경문제가 심각한 줄 알지만,
> 지금 편한 것을 선택하게 만드는 것이
> 자기중심성입니다.
> 내가 노력해서 이룬 결과라면서,
> '루저'와 나누기 싫게 만드는 것이
> 자기중심성입니다.

우리가 죄라고 말하는 극단적 범죄는 커다란 열

매일 뿐이며, 그 뿌리는 인간의 자기중심성입니다. 우리가 무엇보다 방심하지 말아야 할 사실은 자기중심성의 결과가 다른 사람의 고통으로, 결국에는 자신의 고통으로 이어진다는 것입니다. 그런데 이런 일은 일상의 다양한 상황에 일어날 수 있어서 자기중심성이 미치는 영향은 매우 심각합니다. 너무나 평범하고 자연스러워서 어디서나 죄의 열매를 맺게 합니다! 원래 괜찮았던 세상을 교묘하게 망가뜨린 인간의 자기중심성이 죄의 뿌리이자 본질입니다.

우리가 이런 뿌리를 품고 계속 살아간다면 우리 모두에게는 희망이 없습니다. 내가 아무리 괜찮은 인생을 산다 해도 내가 자연스럽게 내린 결정이 때로는 누군가의 행복을 빼앗고, 그 결과가 돌고 돌아 결국에는 나와 내 가족에까지 이어지기 때문입니다. 우리가 일으킨 환경문제로 생태계의 균형이 무너지고, 그 결과로 우리가 재난을 겪는 것도 마찬가지입니다. 지금 다른 방법을 찾지 않으면, 어른이 되어서도 같은 문제를 반복할 뿐 해결할 수 없습니다. 자기중심성의 뿌리를 캐내지 않고 성장하면, 아무리 잘나가는 사람이 되어도 자기중심성

덩어리인 어른이 될 뿐입니다. 그렇게 되면 더 커진 영향력으로 자기중심성을 더욱 자연스럽고 교묘하게 작동시켜서 더 큰 죄의 열매를 맺을 것입니다.

우리 중에 누구도 인간의 자기중심성과 그로 인한 악순환의 고리를 끊을 수 없을뿐더러, 실은 해결할 자격도 없습니다. 이것이 신의 원래 계획을 벗어난 인간의 비참함입니다.

악순환에서 벗어나는 출발점

　누구에게나 있는 죄의 뿌리, '자기중심성'은 너무나 자연스럽고 평범해서 아주 교묘하게 작동합니다. 그 결과, 죄의 열매가 여러 모양으로 여러 곳에서 자라납니다. 성경의 시각으로 보면, 자기중심성은 '하나님을 무시하는 것'입니다. 세상을 계획하고 설계한 주인이 따로 있는데, 자기가 중심이고 주인인 양 생각하는 것입니다. 이는 지구가 중심이라고 주장했던 천동설처럼 심각한 오류에 빠지는 결과를 낳습니다. 설계자를 설계자로 여

기지 않으면서 자연스럽게 신을 무시하는 것이지요. '하나님 무시', 이것이 성경이 말하는 인간의 상태이며, 원래의 것을 잃어버린 인간의 처지입니다.

　　인간이 처음부터 이런 상태는 아니었습니다. 하나님이 인간을 지을 때는 하나님과 인격적 관계가 가능하도록 창조했습니다. 하지만 그 고유한 특성이 깨진 뒤로는 자신과의 관계, 이웃과의 관계, 세상과의 관계를 건강하게 유지하며 살 수가 없습니다. 이 관계 중에 어느 하나라도 잘못되면 인생은 힘들어지고 고통스러워집니다. 인간이 하나님을 무시하고 자기중심성을 밀고 나가면 자신은 물론이고 결국 다른 사람의 인생도, 우리가 함께 살아가는 세상도 망가뜨리는 악순환에 빠지게 됩니다. 어떻게 하면 이 악순환의 고리를 끊을 수 있을까요?

　　성경은 우리 스스로 이 악순환을 끊을 수 없다고 진단합니다. 우리는 거대한 악순환에서 벗어나는 방법도 모릅니다. 더군다나, 실패하면 안 되는 나라에서 희망을 찾지 못해서 실패해도 괜찮은 나라 시민이 되고 싶어도, 자신이 지금까지 세상을 망가뜨려 온 당사자인데 무슨 자격으로 그 나라 시민이 되겠다고 할 수 있을까요? 자기중심적으로 살아왔다는 것은 비록 인지하지 못했더라도 하나님을 무시하며 살아온 것인데, 하나님을 무시하며 살아온 인간이 아무런 대가도 치르지 않고 그 문제를 해결할 수는 없지요. 그리고 인간에게 자기중심성은 노력하지 않아도 가능하며 숨 쉬는 일처럼 익숙해서 자기중심성에서 벗어나는 길은 단 하나, 죽어야만 가능한 일입니다. 그렇다면 악순환을 해결할 능력도 자격도 없는 인간이, 죽지 않고는 해결할 수는 없는 인간이, 죄의 뿌리를 끊어 낼 수 있을까요?

네, 물론 있습니다. 우리는 다이어트를 시작할 때 비장한 마음으로 전신 거울 앞에 서서 사진을 찍습니다. 이처럼 자기중심성에 젖은 자기 모습과 상황을 똑바로 바라보는 것이 출발점입니다. 죄의 뿌리가 자신에게 어떻게 박혀 있는지를 확인한 다음에, 하나님께서 그 뿌리를 끊어 내는 방법을 이미 마련해 두셨다는 성경의 가르침을 검토해 보는 것입니다.

실전 탐구 2

1. 신이 원래 계획한 대로 살아갈 수 있다면, 어떤 관계를 가장 먼저 정상으로 만들고 싶어요?

2. 인간의 자기중심성 이야기에서 자신하고 비슷한 면이 있었나요?

3. 너무 깊이 박혀서 혼자서는 해결할 수 없는 '죄의 뿌리'가 자기 안에도 있는 것 같나요?

다음 장으로
넘어가기 전에

잠깐 쉬면서
생각해 봅시다.

나의 자기중심성과
내가 처한 상황은 어떤지.

오래 걸려도
꼭 해 보고 넘어가야 합니다.

길지 않아도 좋으니
다음 쪽 여백에 써 보면 좋겠습니다.

자, 이제
인간의 자기중심성인
죄의 뿌리를 끊고
악순환에서 벗어나는 길로
들어서 봅시다.

자기중심성,
깊이 박힌 죄의 뿌리와
지금까지 하나님을 무시해 온 상황을 생각하면
우리는 실패하면 안 되는 나라에서
벗어날 자격도 방법도 없습니다.

하지만 우리가 관심도 없고
해결할 필요도 느끼지 못할 때,
우리를 대신해 대가를 치르신 분이 있습니다.

그는 오래전부터 이상한 선택을 반복해서 해 왔으며,
실은 나와 당신을 싫어하지 않고
아끼시는 분입니다.

이제부터 당신의 인생을 담아 질문해 보세요.
담아낸 만큼,
답을 얻을 것입니다.

호잇!

푸른바람의 깃발

이상하다, 이상해. 뭔가 이상하다.

이상하지

돌아오려 하지 않는데
아직 기다리고 있다면

끝내고 버리면 되는데
그렇게 하지 않는다면

미안하다고도 안 했는데
먼저 말을 걸고 있다면

많이 아끼거나
사랑하는 것인데

이상한 선택을 해 온 하나님

한 기독교 초등학교에서 3-4학년 학생들과 성경 수업을 하면서 있었던 일입니다. 창세기 전반부의 "창조-타락-홍수-바벨탑" 4대 사건을 설명한 후 하나님이 아브람을 찾아가는 장면으로 넘어가는 참이었습니다. 하나님은 아브람에게 이제부터 나와 함께하자고 하시며 복을 주겠다고 약속하십니다.

너는, 네가 살고 있는 땅과, 네가 난 곳과, 너의 아버지의

집을 떠나서, 내가 보여 주는 땅으로 가거라. 내가 너로 큰 민족이 되게 하고, 너에게 복을 주어서, 네가 크게 이름을 떨치게 하겠다. 너는 복의 근원이 될 것이다(창세기 12:1-2).

4대 사건을 배운 학생들이 이 장면쯤 되자 질문을 했습니다.

"근데요, 옛날 사람들은 왜 에덴동산으로 다시 돌아가려고 하지 않았어요? 저는요, 엄마가 화가 나서 "집에서 나가!"라고 해도 안 나가거든요!"

"하나님은 일주일이면 다시 만들 수 있는데, 왜 그렇게 하지 않았어요? 저는요, 핸드폰이 그 정도 고장 나면 짜증 나서 완전히 부숴 버리고 새로 살 거예요!"

"잘못한 사람이 먼저 미안하다고 안 했는데, 하나님이 왜 먼저 말을 걸어요? 저는요, 나한테 잘못한 친구가 먼저 사과할 때까지 절대로 아는 척도 하지 않거든요!"

열 살 남짓한 어린 친구들 눈에도 하나님은 인격적인 분이었습니다. 그들에게 하나님은 이유를 따지지 않고 다시 돌아가면 받아 주시는 분이었습니다. 일주일이면 새로운 세상과 온 인류를 다시 만들 수 있지만 그렇게 하지 않으시는 분이었습니다. 자기 마음대로 해 놓고 사과도 안 하는 사람을 다시 찾아가서 먼저 말을 거는 분이었습니다.

성경의 세계관으로 보면, 하나님은 인간을 절대 포기하지 않는 이상한 선택을 반복해 왔습니다. 그 선택은 계속 어긋났고, 그래서 성공할 때까지 얼마나 오래 걸릴지 모르는데도 하나님은 인간을 포기하지 않았습니다. 하나님은 결국 인간의 실패를 그들의 책임으로 돌리지 않고, 그 실패를 대신 짊어지셨습니다. 그 정점이 십자가에서 일어난 일이라고 믿는 것이 기독교입니다. 인간의 실패를 책임지려고 신이 이 땅에 온 것입니다!

긴 역사 속에서 계속 이상한 선택을 해 온 그 신이 자신과 함께하는 사람들에게 해 준 이야기는 단순합니다. 실패하면 안 되는 나라에서 청소년으로 살고 있는 당신에게 해 주고 싶은 이야기 역시 아주 단순합니다.

"내가 너의 실패를 책임질 테니, 깨진 세상이 주는 실패를 뒤집어쓰고 살지 마라." 망가진 피조물은 포기하면 그만인데, 그러지 않는 이상한 신이 있다고 말하는 것이 기독교입니다.

그렇다면 기독교가 전하는 예수를 믿는다는 것은 무엇일까요? 자신을 거절하고 무시하는 인간을 찾아가서 먼저 말을 걸며 소통하는 신, 예수 그리스도가 바로 그 하나님이라는 사실을 받아들이는 것입니다. 하나님은 자신이 지은 피조물과 소통하며 함께 세상을 다스리기를 원하셨습니다. 그 원래 계획은 인간의 자기중심성으로 깨졌지만, 하나님은 사랑하는 아들인 예수 그리스도의 목숨을 내놓을 만큼 인간을, 당신을 아끼고 사랑합니다. 이것이 기독교 신앙의 핵심 내용입니다.

이상하죠. 인간은 하나님에 별 관심이 없는데, 하나님은 인간을 유독 아끼시니 말입니다. 인간의 실패를 대신 책임지고, 깨진 세상을 회복하기 위해 이상한 선택을 계속해 온 하나님이 마련한 대안이 있습니다. 이상한 신과 함께하는 괜찮은 나라, 푸른바람의 나라, 하나님 나라로 당신을 초대합니다.

창세기 4대 사건과 인간의 실체

성경의 첫 책 창세기는 크게 4대 사건과 4대 인물, 두 부분으로 나뉩니다. 두 부분은 다음처럼 각각 네 이야기로 이루어져 있습니다.

4대 사건				4대 인물			
창조	타락	홍수	바벨탑	아브람	이삭	야곱	요셉

세상을 만들고 사람을 축복하신 하나님은(창세기 1:28) 사람에게 세상을 맡아서 하나님 방식대로 돌보라

는 역할을 주셨습니다(2:15). 그리고 한 가지 약속을 지키지 않으면 반드시 죽을 것이라고 하셨는데(2:17), 이상하게도 약속을 어긴 사람은 곧바로 죽지 않고, 흙으로 돌아가는 존재로 전락한 채 에덴동산에서 쫓겨납니다(3:19, 24). 자, 아직 성급하긴 하지만, 혹시 하나님이 사람에게 회복할 기회를 주신 것은 아닐까요?

그런데 사람들은 하나님과의 관계를 회복하거나 다시 돌아가려고 노력하는 대신에, 하나님 방식을 버리고 자기 방식대로, 곧 자기중심성을 따라서 세상을 망가뜨립니다(6:6, 11). 결국 노아의 때에 하나님은 사람과 세상을 모두 쓸어 버리기로 결심하십니다(6:7).

하지만 그렇게 하지 않으셨죠. 앞서 소개한 친구들 질문처럼 우리도 이 대목에서 질문을 던져야 합니다. 다 끝낼 수 있었지만, 노아의 가족과 생물들을 방주에 남긴 하나님의 선택은 '설마 회복할 기회를?'이라는 가설에 힘을 실어 줍니다.

홍수가 끝나고 하나님이 무지개를 증거로 들면서 약속하는 장면에서 결정적 단서가 등장합니다. 하나님은 이상하게도 세상을 처음 창조할 때 남자와 여자에게

주셨던 복을(1:28) 노아 가족에게도 똑같이 주십니다
(9:1). 축복의 반복, 이것은 무슨 의미일까요?

> 하나님이 노아와 그의 아들들에게 복을 주시며 말씀하셨다. "생육하고 번성하여 땅에 충만하여라"(9:1).

여기서 앞의 가설은 사실로 확인됩니다. "나와 같이 다시 시작하자"라는 하나님 말씀입니다. 그러나 홍수 이후에도 인간의 선택은 홍수 이전과 똑같았고, 하나님의 기대를 여지없이 무너뜨립니다.

> 자, 도시를 세우고, 그 안에 탑을 쌓고서, 탑 꼭대기가 하늘에 닿게 하여, 우리의 이름을 날리고, 온 땅 위에 흩어지지 않게 하자(11:4).

물론 도시를 세우고 안전하게 지키려고 탑을 쌓는 행위가 나쁜 일은 아닙니다. 그러나 인간에게 다시 기회를 주신 하나님을 명백히 무시하는 태도입니다. 하나님에게 "당신의 도움 따위는 필요 없습니다. 우리는

우리가 지킵니다"라고 응답한 것입니다. 4대 사건의 마지막인 바벨탑에는 이런 뜻이 담겨 있습니다.

      인간은 또다시 하나님과의 단절을 선택했고, 하나님이 제안하고 인간이 거절하는 패턴은 이후에도 계속 반복됩니다. 성경은 인류의 역사가 그러하다고 창세기의 4대 사건을 통해 알려 줍니다. 그런데 창세기 11장까지 4대 사건을 다 읽은 다음에, 12장에서 만나는 하나님은 정말 이상합니다. 하나님이 또 인간을 찾아와서 말을 걸고 새로운 기회를 주십니다. 참으로, 정말로, 완전히 이상한 하나님이 아닐 수 없습니다(12:1-2).

우리가 바라던 세상으로!

깃발

푸른바람의 나라,
하나님 나라에
펄럭이고 있습니다.

"나는 너를 싫어하지 않아."

하나님은 너를 싫어하지 않아

　누군가 제게 구약성경을 한 문장으로 줄여 보라고 하면, "**내가 너희 하나님이 되고, 너희는 내 백성이 될 것이다**"라고 대답할 것입니다. 더 짧게 줄이라고 하면, "**나는 너희를 싫어하지 않는다**"라고 답할 것입니다.

　저는 구약성경을 읽으면서 하나님이 저를 싫어하지 않는다고 말씀해 주셔서 너무 좋았습니다. 누군지도 모르는데 사랑한다고, 처음부터 그래왔다고 훅 들어왔으면 아마 믿지 못했을 겁니다. 죄가 뭔지도 모르는 나한테 이미 용서했으니 그저 괜찮다고 했어도 찝찝했을 겁니다. 저는 청소년기를 지나며, '나를 좋아하는 사람만 있는 게 아니구나'라는 생각 때문에 힘들었습니다. 그런 제게 "싫어하지 않는다"라는 표현은 안전하게 느껴졌고, 아직 꺼지지 않은 불씨 같았습니다.

> 너희가 사는 곳에서 나도 같이 살겠다. 나는 너희를 싫어하지 않는다. 나는 너희 사이에서 거닐겠다. 나는 너희의 하나님이 되고, 너희는 나의 백성이 될 것이다(레위기 26:11-12).

그 마음으로 신약성경의 네 복음서(마태복음, 마가복음, 누가복음, 요한복음)를 읽어 가다 보니 예수님이 좋아졌습니다. **"너희가 사는 곳에서 나도 같이 살겠다"** 라고 하셨던 분이, 진짜로 약속을 지키러 오셨구나. **"나는 너희 사이에서 거닐겠다"** 라고 하셨던 하나님이, 정말로 사람이 되어 함께 거니셨구나. **"나는 너희를 싫어하지 않는다"** 라고 하셨던 하나님이, 아, 실제로 증명하러 오셨구나, 싶었습니다. 이러한 발견들로 저는 인격적 하나님을 더욱 또렷하게 이해할 수 있었습니다. 정말이지 웹툰 보듯이 성경을 꾸준히 읽어 보세요. 하나님을 인격적으로 만날 수 있습니다.

'아, 그래서 하나님이 사람이 되신 거구나!' '그래서 예수님이 사람들 사이에서 함께 사신 거구나!!' '정말로 사람에게 하신 약속을 지키러 오신 하나님이, 예수님이시구나!!!' 성경을 읽으며 이런 사실을 발견하면서부터 하나님이 인격적으로 이해되기 시작했습니다.

하나님의 약속은 저같이 실패를 반복하는 사람을 위한 것이었습니다. '너희의 하나님이 되겠다'라고 하신 하나님은 자신과 인간과의 관계를 책임지고 회복하겠다고 약속하십니다. 그 약속은 또 실패할지 모르는 저와 당신을 선택하고 또 선택하는, 하나님의 무조건적 사랑 때문에 가능합니다. 얼마나 오래 걸릴지 모르는 반복된 선택의 끝에서 결국 하나님은 당신을 찾아오셨습니다.

하지만 이 책을 읽고 있는 당신은 어쩌면 지금까지 1도 하나님에 관심이 없었을 수 있습니다. 교회를 10년 이상 다녔어도 하나님이 없는 것 같다는 친구도 있습니다. 어쩌면 세상에서 살아남는 것에만 온통 신경이 가

있거나, 몰두하는 다른 게 있을지 모릅니다. 하지만 괜찮습니다. 제가 아는 그분은 이 책을 읽고 있는 당신에게 이렇게 말씀하실 겁니다. 실패해도 괜찮은 나라, 하나님 나라, 푸른바람의 나라에는 그 말씀이 적힌 이런 깃발이 펄럭이고 있습니다.

너는 잊었어도, 나는 네 곁에 있어.

그만큼

아무리 오래 걸려도
반드시 찾아낸다면

그만큼 간절하거나
그만큼 소중하거나

고민하거나 망설이지 않고
기꺼이 대가를 치른다면

그만큼 필요하거나
그만큼 소중하거나

마음대로 살고 싶은 나에게
신이 목숨을 걸었다면

그만큼 심각하거나
그만큼 소중하거나

그만큼 소중하다는 이야기

 갖고 싶은 게 있는데 너무 비싸서 망설인 적 있나요? 그런데 너무 비싼 정도가 아니라 말도 안 되는 가격이라면 보통 어떻게 하나요? 꼭 필요하거나 중요한 게 아니면 쉽게 결정할 수 있습니다. 그 가격에는 사지 않는 것이죠. 그런데 정말 소중한 것이라면 아무리 시간이 오래 걸려도 돈을 모으고 모아서 살 것입니다. 그만한 대가를 기꺼이 치르는 것이죠.
 우리를 싫어하지 않는 하나님 역시 우리와 함께

살겠다는 약속을 지키려고 그만한 대가를 치르십니다. 무슨 문제를 풀려면 노력을 기울이고 대가를 치러야 하는데, 하나님을 자꾸 거절하는 인간의 자기중심성을 해결하기 위해서도 대가가 필요했습니다. 하나님이 치른 대가가 무엇인지 아시나요? 하나님 자신이 사람이 되어 자기 목숨을 그 대가로 내놓으셨습니다. 이것이 성경의 핵심 내용입니다. 너무나 소중해서 말도 안 되는 대가, 말도 안 되는 가격을 치릅니다. 이것이 앞에서 이야기한 '은혜'(43쪽)의 실체입니다.

그러면 '인간의 회복을 위해 왜 신의 목숨을 대가로 치를 수밖에 없었지?'라는 질문이 생깁니다. 인간의 자기중심성 문제를 해결하려고 신의 목숨값이 필요하다니, 무슨 뜻일까요? 신의 목숨을 대가로 내놓을 만큼 그 문제가 중요하고 심각했습니다. 그리고 그만큼 인간이 하나님에게는 너무나 소중한 존재였습니다. 인간을 원래 상태로 되돌리기 위해, 자신과 소통하는 존재로 회복시키기 위해 신은 기꺼이 자기 목숨을 내놓았습니다.

그렇다면 신의 자기희생으로 인간이 얻는 것은 무엇일까요? 하나님이 인간에게 정말로 주고 싶었던 것은 무엇일까요? 인간의 자기중심성은 쉽게 말하면 '자기 마음대로 하고 싶은 마음'입니다. 인간에게는 너무나 자연스러운 본성입니다. 세상 모든 문제는 자기 마음대로 하고 싶고, 자기 마음대로 살고 싶은 데서 시작합니다. 공부는 좀 덜해도 점수는 잘 받고 싶습니다. 일은 적게 하면서 돈은 많이 벌고 싶습니다. 회사를 경영할 때는 반대가 됩니다. 돈은 적게 주면서 일은 더 시키려 합니다. 심지어 정치도 국민을 위한다고 하지만 자기 배를 불리는 유혹에 늘 시달립니다. 그게 평범한 인간의 모습입니다.

자기 마음대로 살고 싶은 우리에게 남은 가능성이 있을까요? 신의 관심과 사랑, 이를 증명하기 위한 신의 대가 지불은 새로운 가능성을 열어 줍니다. 우리에게 다른 차원의 삶이 열렸다는 것, 그것이 예수의 죽음과 부활에 담긴 메시지입니다. 기독교의 핵심은 하나님이신 예수께서 이 땅에 와서 죽고 부활하셨다는 것인데, 이것은 단지 신화나 기적 같은 이야기가 아닙니다. 예수의 죽음과 부활을 통해 하나님은 그분이 마련하신 대안인 새로운 세상으로 인간을 건져 내셨습니다. 그 대안을 받아들인 사람에게는 지금 이 땅에서부터 새로운 삶이 시작되는 문이 열립니다.

하나님 나라는 다른 차원의 진짜 인생을 위해 마련되었습니다. 당신과 나를 그 나라에 살게 하려고 신은 목숨을 아끼지 않고 대가를 치르셨습니다. 예수는 그 대가를 치르면서 가격이 부담된다며 망설이지도 않았고, 계산을 미루거나 환불하지도 않았습니다. 우리는 받을 자격이 없었으나 하나님은 흔쾌히 대가를 치르셨고, 이는 우리를 많이 아낀다는 증거입니다. 그만큼 하나님은 우리와 영원히 함께하기를 원하십니다. 깨진 세상에서 썩어 가는 법칙에 길들여진 우리를 구해 내서 그 신분을 바꾸기 위해 하나님은 값으로 매길 수 없는 대가를 치르셨습니다.

자기 목숨값으로 죄의 본질이 얼마나 심각한지 알려 주고, 자기 목숨값으로 우리라는 인간이 얼마나 소중한지 알려 주신 예수 그리스도! 그가 자기 목숨을 내놓으며 하나님 나라로 당신을 초대합니다.

푸른바람이 나를 자유롭게 하는 곳으로~

가즈아

푸른바람의
나라로

사람의 실패를
책임지러 오신

실은 그가 주인이었고
실은 내가 죄인이었다.

우리를 찾아와
소통하는 신과 함께

길듦을 거부하며
너와 나의 생을 지어 가자.

그분이 하신 일이
우리를 자유롭게 할 것이다.

푸른바람의 나라로

하나님이 마련하신 '대안'과 예수님이 치르신 '대가'로 새로운 길이 열렸습니다. 자격 없는 우리에게 더 이상 깨진 세상 방식대로 살지 않아도 되는 길이 열린 것이지요. 인간이 자기중심성 문제를 해결하고 새로운 방식으로 살 수 있는 문이 열렸습니다. 아, 저는 이 사실을 정말 큰소리로 외치고 싶습니다. 그런데 예수는 하나님 나라의 시작을 선언하며 그 나라에 동참하는 방법을 구체적으로 알려 주셨습니다. 하나님의 '선물'(은혜)로 주어진 새로운 삶을 받아들이고, 삶의 방식을 바꾸어 가는 것입니다.

> 때가 찼다. 하나님의 나라가 가까이 왔다. 회개하여라. 복음을 믿어라(마가복음 1:15).

회개는 '어떤 사람의 마음이나 목적을 바꾸다', '삶의 방향을 바꾸다'라는 뜻입니다. 마음으로 뉘우치고 행동을 바꾸고 삶의 방향을 바꾸는 것입니다. 한자로 풀어 보아도 뉘우칠 회悔에 고칠 개改를 써서 마음과 행동이 한 묶음입니다. 그런데 이상하게도 우리는 회개를 마음에서만 일어나는 일로 한정하는 경향이 있습니다. 그래서 많은 사람이 감정적으로 뉘우치고 눈물로 기도하면 회개했다고 생각합니다. 하지만 진정한 회개는 뉘우침(마음)과 교정(행동)이 한 묶음입니다. 그리고 회개의 중요한 점이 또 하나 있습니다. 우리가 하나님의 대안을 받아들이지도 않았는데, 하나님이 우리 자유를 침범하면서 "좋으니까 무조건 받아들여"라고 하지 않는다는 것입니다. 하나님은 우리가 이미 시작된 하나님 나라를 진심으로 받아들이고 그 나라에 들어가기를 바라십니다.

당신이 차원이 다른 나라로 옮겨 가서 그 나라에서 남은 인생을 살고 싶다면, 다음 쪽의 '푸른바람의 나라 입국 가이드'를 따라서 기도할 수 있습니다. 그런 당신에게 예수는 다음 같은 약속을 합니다.

그리고 너희는 진리를 알게 될 것이며, 진리가 너희를 자유롭게 할 것이다(요한복음 8:32).

예수를 알아 가기 시작하면 푸른바람의 나라 시민으로 살면서 더욱 자유로워집니다. 새로운 시민권을 가지면 낡고 의아한 세상 방식을 거부하며 살 수 있습니다. 하나님 나라 복음은 망가진 세상을 회복하시는 하나님께서 당신에게 보내는 초대장입니다. 오십시오!, 이미 시작된 푸른바람의 나라로, 예수께서 이끌어 가는 우주적인 '무브먼트'로!

예수께서 치른 대가로 가능해진 전혀 다른 차원의 인생,
자기중심성을 해결하고 하나님과 함께 세상을 회복해 가는

푸른바람의 나라 입국 가이드

1. 나 역시 어떤 모습으로든 깨진 세상의 방식을 따라 살아왔으며, 자기 마음대로 하려는 자기중심성에 갇혀 살아왔습니다.

   실은 내가 죄인임을 인정합니다.

2. 내 마음대로 살고 싶은 나를 위해 목숨을 거신 분이 예수님입니다. 그분이 기꺼이 목숨을 내놓으신 이유는 나의 자기중심성, 곧 내 죄를 해결하기 위해서입니다.

   은혜로 주어진 새로운 시민권을 받아들입니다.

3. 지금까지 하나님을 무시하며 스스로 주인인 양 살아온 시간을 진심으로 뉘우칩니다. 하나님의 다스림을 따라 하나님 나라 시민으로 살겠다고 약속합니다.

   예수님을 주인으로 여기고 성경의 가르침을 따라 살겠습니다.

실전 탐구 3

1. 계속 이상한 선택을 하신 하나님, 나를 싫어하지 않는 하나님, 심지어 자기 목숨까지 내놓은 예수님, 그가 우리에게 주고 싶어 하는 것은 무엇일까요?

2. 푸른바람의 나라, 하나님 나라에서 우리는 자유로워지고 자기답게 살 수 있어요. 다음 쪽 "푸른바람의 나라, 하나님 나라의 초대"에서 그 나라를 선택할 수 있습니다.

3. 푸른바람의 나라, 하나님 나라에서는 예수님을 따라서 새롭게 사는 방식을 배울 수 있어요. "푸른바람의 나라 입국 가이드"를 따라서 기도해 볼까요? 그게 첫 시작입니다.

푸른바람의 나라, 하나님 나라의 초대에 응답하기

내 이름은 _____ 입니다.
다음 세 가지 중 _____ 를 선택합니다.

받아들인다 Receive	하나님께서 은혜로 베푸신 삶을 선택하는 것이 나를 자유롭게 하는 진리라면, 회개하며 돌이키는 삶이 하나님 방식을 따라 깨진 세상을 회복하는 것이라면, 하나님을 주인으로 여기는 것이 종이 되는 것이 아니라 그 나라 시민이 되는 것이라면, 복음을 믿는 것이 우주적 무브먼트에 동참하는 것이라면, 해 보겠다!!
더 알아본다 Research	설명이 더 필요한 부분이 있으며, 풀리지 않는 의문이 있다. 하나님을 내 인생의 주인으로 모신다는 이야기가 아직은 어색하고, 하나님께 다가가는 데 장애물이 있다. **당신의 의문과 장애물이 궁금합니다. 이야기해 줄 수 있을까요?**

거절한다 Reject	신이 나를 살리려고 자기 목숨을 대가로 치렀다는데, 잘 다가오지 않는다. 내가 그렇게 문제인지도 모르겠고, 신이 왜 자신이 창조한 인간과 세상에 그토록 집착하는지도 선뜻 이해하기 어렵다. 혹시 거절하는 이유를 설명해 줄 수 있을까요? 《교회에서 사라진 질문을 찾아요》에서 비슷한 이유를 찾아서 나눠 주셔도 좋습니다. 솔직한 질문만이 솔직한 답변을 가져다주니까요. 그것이 가능해야 진리입니다.

선택한 이유나 떠오른 질문 같은 '비하인드 스토리'를 아래와 다음 쪽 여백에 적고 이야기 나눠 봅시다.

_____

_____

_____

우와!

푸른바람의 라면

'함께라면' 같이 하실래요?

라면

세상에서
제일 좋은 '-라면',

찾아오신
신과 함께라면.

살아남기
이상의 삶이 될 것이다,

소통하는
신과 함께라면.

상상하는
이상의 생이 될 것이다,

함께 걷는
신과 함께라면.

신과 함께라면

　기독교에 접근하는 기본 경로는 지금까지 살펴본 바와 같습니다. 첫째, 깨지고 답이 없는 세상에서 남 탓이나 세상 탓만 하지 말고 인간의 자기중심성을 직면하고, 둘째, 예수님을 통해 하나님에게서 선물로 받은 새로운 신분과 삶의 방식에 반응하여, 셋째 복음을 받아들이고 하나님 나라 시민이 되어 사는 것입니다. 하지만 이것만으로 마음이 움직이지 않는 친구들을 위해 다른 경로를 하나 소개할까 합니다.

기독교가 다루는 영역은 역사 기록도 없는 옛 시대나 죽지 않고는 알 수 없는 사후세계만이 아닙니다. 기독교가 인류 역사의 처음과 끝을 이야기하는 이유는 지금 이곳에서 어떻게 살아야 하는지를 알려 주기 위해서입니다. 기독교의 경전인 성경은 '예수'라는 한 인물에게 초점을 맞추는데, 그가 공을 들여서 가르친 내용이 '하나님 나라'입니다. 그는 자신이 이 땅에 와서 하나님 나라가 이미 시작되었다고 가르쳤으며, 그의 관심은 바로 '오늘' 그 나라 시민으로 어떻게 살 것인가입니다. 이처럼 기독교는 하나님 나라를 중시하며, 하나님 나라는 지금 여기 '오늘'의 삶에 관심이 많습니다. 우리를 찾아와 말을 걸고 소통하는 신, 그 예수와 함께 살기 시작하면, 단지 살아남기 위해서 사는 인생 그 이상이 '지금 이곳'에서 가능해집니다. 기독교가 전하는 진리는 죽어서 천국에 가기 위해서만이 아니라, 오늘을 제대로 살기 위해 꼭 필요합니다.

살아남으려고 일생을 바둥대는 대신에 지금 이곳에서 하나님과 함께 살고 싶다면, 그리고 이미 시작된 하나님 나라 시민으로 살고 싶다면, 당신의 결단이 필요합니다. 앞서 읽은 "푸른바람의 나라 입국 가이드"를 따라 당신 안의 자기중심성, 즉 죄를 직면하세요. 그리고 "하나님 나라의 초대에 응답하기" 과정을 밟아 주세요. 그러면 당신도 '신과 함께라면'을 맛보실 수 있습니다. 자, 시작할 준비가 되셨나요?

실패하면 안 되는 나라에서는 '성공 법칙을 따라서 좋은 대학에 가고 좋은 연봉을 받으면 돼. 그게 행복이야'라고 말합니다. 백번 양보해서 그렇게 하면 행복해진다고 칩시다. 하지만 그게 모두에게 허락되지 않는다는 사실을 우리는 잘 알고 있지요. 그렇게 되기도 힘들고, 그렇게 된다 해도 행복할지 알 수 없지만, 그래도 어쩔 수 없이 우리는 깨지고 망가진 세상에서 살아남기 위해 최선을 다해 애를 씁니다. 그런 우리에게 기독교는 단지 살아남기 위해 사는 인생 그 이상이 가능하다고 말합니다. 그래서 좋은 뉴스입니다. 기독교의 진리를 복음, 복된 소식이라고 부르는 것도 이 때문입니다.

푸른바람의 나라, 하나님 나라의 삶은 다릅니다. 하나님을 모르는 채로 자신도 사랑하지 못하고, 다른 사람과도 어그러져 지내나요? 세상이 점점 망가져도 속수

무책 아무것도 할 수 없다며 두 손 놓고 지내나요? 하나님 나라에서는 그렇게 살지 않아도 됩니다. 하나님과 소통하며 자신을 충분히 사랑하고, 다른 사람을 소중히 대하면서 우리가 사는 지금 이곳을 하나님과 함께 더 나은 곳으로 만들어 가는 일을 할 수 있습니다. 그러므로 죽은 다음에 천국 가려고 예수 믿는다는 기독교는 반쪽짜리입니다. 자기가 믿고 싶은 대로 믿으며 살다가 죽어서 좋은 데 가라고 신이 자기 목숨을 버렸을까요?

푸른바람의 나라를 시작한 예수는 당신이 어떻게 살지를 결정하기 바라십니다. 단지 공부하는 목적을 발견하는 것만이 아니라, 생을 포기하지 않고 기어코 살아내야 하는 진짜 이유를 찾기 원하십니다. 당신이 그 이유를 찾기를 바라며 자기 목숨을 아끼지 않고 내주신 분이 예수님입니다. 그분이 다스리는 나라의 시민이 되기로 하는 것, 그것이 바로 성경이 가르치는 복음을 믿고 받아들이는 것입니다.

당신은 이 놀라운 하나님 나라를 받아들일 수도 있고 거부할 수도 있습니다. 오늘 당신이 예수를, 그의 나라를 거절할 수 있지만, 그는 내일도 그다음 날도 당신을 찾을 것입니다. 얼마나 걸릴지 모르는 그 일을 계속 시도하며 조건 없는 사랑을 멈추지 않을 것입니다. 그분은 결국 당신과 함께 걸으실 것이고, 함께 이 세상을 회복해 가실 것입니다. 당신이 스무 살이 되기 전에, 인간에게 말을 걸고 소통하는 하나님과 동행하기 시작하면, 10년이 지나고 20년, 30년이 지날수록 당신 인생은 당신이 상상하는 것보다 점점 더 가치 있게 변할 것입니다.

깨진 세상의 법칙에 길들지 않고, 당당하게 살아가는 자신을 상상해 보세요. 실패하면 안 되는 나라에서는 어떻게 살아도 불안하고 힘겹다는 사실을 이미 알아차렸다면, 하나님 나라 시민으로 살아 보세요. 한 살이라도 어릴 때! 실패하면 안 되는 나라에 더 길들거나 더 망가지기 전에! 당신을 너무나 사랑해서 가늠할 수 없는 대가를 치를지라도 당신을 꼭 되찾고 싶어하는 그분과 함께 그의 새로운 나라에서 살아 보세요.

선물이니까 아낌없이!

특템

너 따위는
여기서 실패하면 끝이라고

깨진 세상이 주는
위협에 겁먹지 마세요.

특템한 생명
그것을 꺼내 쓰세요.

지금까지
누가 뭐라고 했든,

당신의 가치는
이제 신의 목숨값입니다.

특템한 신분
그것을 장착하세요.

'특템'했으면, 꺼내 쓰자!

지금까지 한 이야기를 간단히 정리하면 이렇습니다. 하나님은 인간의 실패를 책임지기 위해 인간의 몸을 입고 오셔서 자기 목숨으로 대가를 치르셨고, 그로 인해 당신과 제게는 새로운 가능성이 열렸습니다. 예수의 오심과 죽음과 부활은 하나님이 인간의 역사 속에 자신의 존재를 드러낸 사건입니다. 그 사실을 믿음으로 받아들인 사람은 자기중심성으로 돌아가는 깨진 세상에서 더 이상 부속품 노릇을 하지 않습니다. 오히려 하나님의 다스림을 드러내는 전혀 다른 방식으로 살아가기 시작합니다. 기독교는 이런 우주적 무브먼트에 동참해 새로운 가능성을 맛보라는 요청입니다. 이에 응답해 새로운 정체성, 새로운 생명을 득템하는 것이 믿음입니다.

　게임 할 때 우리는 아이템을 적절히 꺼내 써야 합니다. 누구나 잘 아는 상식입니다. 실패하면 안 되는 나라에서 실패해도 괜찮은 나라의 시민권을 득템한 사람도 마찬가지입니다. 그 시민권을 실제로 사용하면서 살아가는 것이 자연스럽고 또 현명합니다. '다른 차원의 삶'을 득템했는데도 사용하지 않는다면 그보다 어리석은 일이 또 있을까요. 우리가 얻은 새로운 신분, 하나님 나라 시민은 너무나 특별한 득템, '특템'입니다. 새로운 신분이라는 아이템은 하나님이 아들을 통해서 하려는 일과 관련이 있습니다. 그 일은 하나님의 아들을 통해 새로운 신분을 특템한 우리 인생과도 맞닿아 있습니다.

> 하나님께서 아들을 세상에 보내신 것은 세상을 심판하시려는 것이 아니라 아들을 통하여 세상을 구원하시려는 것이다(요한복음 3:17).

하나님이 예수를 세상에 보내신 까닭은 세상을 심판하기 위해서가 아니라 '세상을 구원'하기 위해서입니다. 예수께서 이 땅에서 하신 일과 예수를 따르는 이들의 삶을 통해 세상을 회복하는 프로젝트를 진행하고 계십니다. 맞습니다. 예수께서 인간의 몸을 입고 이 땅에서 살았던 이유는 구원이 이론이 아니라 실제임을 보여 주기 위해서입니다. 그래서 병들고 아픈 사람들, 실패한 사람들이 예수를 만난 후에 새로운 삶을 시작합니다. 이 세상을 더 나은 곳이 되게 하려는, 실패해도 괜찮은 나라 프로젝트가 예수께서 오심으로 그때 이미 시작된 것입니다!

세상을 망가뜨린 인간을 신이 목숨을 걸고 구해 내서 새로운 신분과 가능성을 주었다면, 이제부터 그 사람은 어떻게 살아야 할까요? 하나님 나라 시민이 된 사람은 자기 인생을 앞으로 어떻게 채워 갈지를 고민하고 찾아내야 합니다. 당신의 인생은 처음부터, 아니 새로운 생명을 얻은 후부터는 더더욱, 살아남기에 급급하라고 당신에게 준 것이 아니기 때문입니다. 하나님은 기다리고 있습니다. 이 세상을 더 나은 곳으로 만들어 가는 프로젝트에 당신이 동참하기를, 세상 경영에 참여해 세상의 구원을 앞당겨 주기를 바라고 계십니다.

그러니 특템한 새로운 신분을 썩히지 말고 장착하고 써먹으면서 살아야 합니다. "너 따위는 여기서 실패하면 끝이야"라고 망가진 세상이 위협해도 절대 겁먹지 마세요. 지금까지 누가 당신에게 뭐라고 했든 간에 당신의 가치는 '예수님이 목숨을 주고 산값'과 같습니다. 자기 혼자만 잘 먹고 잘살면 그만이라는 깨진 세상의 성공 법칙을 좇아서 내달리지 마세요. 당신 역할은 주인이신 하나님과 함께, 하나님 나라 시민들과 함께, 세상의 가치를 원래대로 끌어올리는 것입니다. 구원은 미래의 일만이 아닙니다. 지금 여기에서 하나님 나라 시민이요 상속자로 사는 것입니다. 하나님과의 관계, 자신과의 관계, 친구와의 관계, 세상과의 관계를 하나님 나라 시민으로서 어떻게 꾸려갈지 정돈하면, 지금 무엇에 집중해야 하는지가 점점 더 선명해질 것입니다. 그것을 찾는 것이 청소년기에 해야 할 소중한 일이며, 그것이야말로 자신을 위하는 길입니다.

꿀 빠는 인생을 찾고야 말겠어!

빨대를 꽂으려거든

사람에게 그리 말고
신에게나 그리하렴.

진짜 꿀을 빨고
진짜 꿀을 누리렴.

신과 함께
걷는 법을 배우렴.

멍에 같은 인생도
쉽고 가벼워진단다.

스무 살이 되기 전에
진짜 인생을 시작하렴.

진짜 꿀을 빠는 인생

나는 양들이 생명을 얻고, 또 더 넘치게 얻게 하려고 왔다(요한복음 10:10).

하나님 나라 시민의 삶은 새로운 신분을 얻는 데서 끝나지 않고, 실제로도 이전과 다르게 사는 것입니다. 그래서 점점 '일상에서 하나님 나라 시민으로 어떻게 살지?'라고 고민하기 시작합니다. 이것이 진짜 인생을 사는 사람들의 고민이며, 그 답은 예배를 통해 찾을 수 있습니다. 하나님 나라 시민은 예배를 통해 하나님 나라 방식들을 알아가며 그에 맞추어 내 삶의 방식을 재조정합니다.

바다를 누리는 가장 좋은 방법은 직접 바람을 맞으며 해변을 걷거나 헤엄치는 것입니다. 맛집을 누리는 가장 좋은 방법은 찾아가서 줄도 서고 사진도 찍고 먹어 보는 것입니다. 하나님 나라 시민의 삶을 누리는 가장 좋은 방법은 예배의 자리에 기대를 품고 참여하는 것입니다. 하나님 나라 시민으로 진짜 인생을 시작하고 싶다면 예배를 소중히 여기고 직접 참여하세요. 예배는 하나님 나라 시민들이 하나님과 소통하며 새로운 생명과 풍성한 삶에 관해 배우는 장입니다. 예배를 통해 새로운 힘을 충전 받으면 당신은 진짜로 꿀을 빠는 인생을 누리게 됩니다. 그 꿀을 정말로 맛본 사람은 선물로 받은 특템을 꺼내서 일상에서 잘 사용합니다.

나는 참 포도나무요, 내 아버지는 농부이시다(요한복음 15:1).

나는 포도나무요, 너희는 가지이다 (요한복음 15:5).

일주일에 한 번씩 드리는 예배도 하나님 나라 시민에게는 아주 중요합니다. 하지만 매일 부딪히는 일상을 잘 헤쳐 나가려면 그때그때 적절한 공급을 받아야 합니다. 더군다나 척박한 땅에서 버티며 열매를 맺으려면 꾸준히 공급받아야 합니다. 요한복음 15장에서 예수는 하나님과 당신 자신과 우리의 관계를 포도나무에 비유해 설명해 줍니다. 포도나무가 열매를 맺을 때까지 제일 수고하는 쪽은 어디일까요? 농부? 나무? 아니면 나뭇가지? 농부일 수도 있고, 나무일 수도 있지만, 적어도 나뭇가지가 아닌 것은 확실합니다.

농부이신 하나님께서 일하시고, 포도나무이신 예수께서 양분을 공급해 주시면, 나뭇가지인 하나님 나라 시민들은 이를 충분히 누립니다. 바로 여기에 빨대를 꽂으십시오. 포도나무에 꼭 붙어서 매일 새로운 힘을 공급받고, 농부의 수고에 기대어 살아가세요. 이것이야말로 나뭇가지의 특권입니다. 그 특권을 누리는 비결은 매일 성경을 읽고 기도하는 것입니다. 말씀과 기도로 농부의 수고와 나무의 공급을 매일 누리면, 진짜 인생을 살 수 있습니다. 매일 10분으로 시작해 보세요. 머지않아 10분으로는 부족하고, 그 시간이 꿀을 빠는 시간처럼 더 좋아질 것입니다. 스무 살이 되기 전부터 농부의 보살핌과 나무의 양분을 받기 시작하면, 당신의 인생은 완전히 바뀔 것입니다.

그런데 새로운 인생이 시작되었는데도 삶의 고통은 여전합니다. 하나님 나라 시민도 깨진 세상에서 살아야 하므로 고통은 피할 수 없고 문제도 계속 생깁니다. 어떻게 해야 할까요? 해법은 우리를 고통과 문제가 가득한 세상에서 벗어나게 하려는 예수를 알아 가는 것입니다. 또 하나는 하나님 나라 공동체에 속해서 친구와 선배들이 비슷한 어려움을 어떻게 다루는지를 보고 배우는 것입니다. 예수께서 제안하고 형제자매들이 사는 방식을 배우고 누리다 보면, 삶의 어려운 순간에서도 신의 손을 놓지 않고 동행하는 삶이 이론이 아닌 실제가 됩니다.

수고하며 무거운 짐을 진 사람은 모두 내게로 오너라. 내가 너희를 쉬게 하겠다. 나는 마음이 온유하고 겸손하니, 내 멍에를 메고 나한테 배워라. 그리하면 너희는 마음에 쉼을 얻을 것이다. 내 멍에는 편하고, 내 짐은 가볍다(마태복음 11:28-30).

멍에는 말이나 소의 목에 씌우는 기구인데요, 멍에 뒤로 수레나 쟁기를 달아서 끌게 합니다. 그런데 예수는 힘든 사람을 쉬게 해 주겠다면서 자기 멍에를 메라고 합니다. 이 말이 좀 이상하게 들리지만, 당시 농경문화를 알면 쉽게 이해가 됩니다. 그때 팔레스타인 지역에서는 주로 소 두 마리가 한 멍에 안에 들어가 일했습니다. 우리도 옛날에는 겨릿소 방식으로 일했는데요, 김홍도의 〈논갈이〉라는 그림에서 잘 확인할 수 있습니다.

그런데 재미있는 사실은 어른 소 하나와 어린 소 하나를 붙여서 멍에를 지웠다는 것입니다. 그 이유가 중요합니다. 어른 소와 어린 소를 한 팀으로 짜면, 힘을 쓰는 일은 어른 소가 주로 다 하고, 어린 소는 어른 소를 따라가면서 멍에를 메고 걷는 법, 힘을 쓰는 법, 주인 말을 알아듣는 법을 배웁니다.

그러므로 "내 멍에를 메고 나한테 배워라"라는 예수의 이야기는 인생의 무거운 짐을 혼자 지고 어쩔 줄 몰라 이리저리 애쓰다가 지치지 말고, 나에게 와서 배우라는 말씀입니다. 예수께서 이미 메고 있는 멍에 아래로 와서 하나님 나라의 일원이 되라는 제안입니다. 예수께서는 함께 멍에를 지고 어떻게 살아야 하는지를 직접 가르쳐 주겠다고 하십니다.

> 예수님은 마음이 온유하고 겸손합니다. 예수께서 이미 메고 있는 멍에 아래로 들어가서 그분에게 하나님 나라 시민으로 살아가는 법을 배우세요. 그러면 당신의 마음과 인생은 쉼을 얻을 것입니다. 예수께서 메고 있는 멍에는 편하고, 그분이 함께 들어 주는 짐은 가볍습니다.

예수께서 우리 인생을 함께 메고, 우리와 함께 걸으며, 어떻게 살아야 하는지를 가르쳐 주십니다. 우리의 수고와 무거운 걸음에 관심이 많은 그분과 함께라면 편하고 가볍게 걸을 수 있습니다. 예배와 성경과 기도를 통해 예수를 더 깊이 알아 가며 그분과 함께 걷는 법을 배우세요. 그리고 당신보다 앞서 예수를 알아 가며 배우고 있는, 어른 소 같은 선배들을 만나세요. 그래서 교회 공동체에 속하는 일은 매우 소중합니다. 반드시 공동체에 속해서 앞서 걷고 있는 이들에게서 배우세요. 스무 살이 되기 전에 이 배움을 시작하면, 당신은 진짜 인생을 누리게 될 것입니다.

눈치챘겠지만, "스무 살이 되기 전에"라는 표현에 제가 좀 집착하죠. 이유를 말씀드리면, 제가 스무 살에 하나님을 인격적으로 만나서 그렇습니다. 하나님을 만난 일이 정말로 좋아서, 스무 살에야 하나님을 제대로 안 것이 못내 아쉬워서, 그래서 다음 세대 사역자의 길로 들어선 저라서 계속 강조했습니다. 그 진심을 당신에게 전하고 싶습니다.

실전 탐구 4

1. 신과 이야기 나누며 함께 걷는 삶이 시작됐어요. 그와 함께하는 나의 10대와 20대는 어떨까요? 기대되는 게 있나요?

2. 푸른바람의 나라 시민권을 얻었으니, 그 나라 시민으로 어떻게 살면 좋을까요? 어떤 공부를 하고, 어떤 일을 하며 살지를 발견할 수 있을 거예요.

3. 진짜 인생을 살기 위해 신에게 어떻게 빨대를 꽂을지 계획해 봐요. 저자는 그 방법으로 "예배-성경 읽기와 기도-공동체 속하기"라는 힌트를 줬는데, 가능하겠다 싶은 것과 하기 어려운 것은 무엇인가요? 어떻게 하면 제대로 빨대를 꽂을 수 있을지 대책을 세워 볼까요.

닫는 글

스무 살 여름

그날을 잊을 수 없습니다.

가짜로 살고 싶지 않았던 나를
진짜로 만나 주신 당신이 얼마나 좋았는지

열아홉에 만났으면 얼마나 좋았을까.
열여덟에 만났으면 얼마나 좋았을까.

그날이 시작되길 바랍니다.

뭐가 될지 몰라 불안한 내일을 살지 말고
이미 누구인지 알아 당당한 오늘을 사는

열일곱의 당신이면 좋겠습니다.
열여섯의 당신이면 좋겠습니다.

푸른바람이 너를 기다려
이제는 실패해도 괜찮은 나라로

ⓒ서지성, 2023

* 이 책 내용의 전부 또는 일부를 사용하려면 반드시 저작권자와 이미아직의 서면 동의를 받아야 합니다.
* 책값은 뒤표지에 있습니다. 잘못된 책은 구입하신 곳에서 바꾸어 드립니다.

글
서지성

그림
무탈씨@_mootalssi

편집
박동욱

디자인
즐거운생활

제작
공간

펴낸이 —— 김형국

펴낸곳 —— 이미아직

주소 —— 서울특별시 중구 명동11길 20 서울YWCA회관 602호(우편번호 04538)

출판등록 —— 제2022-000007호(2022년 1월 24일)

전화 —— 02-924-0240   팩스 —— 02-924-0243

전자우편 —— imiajik@gmail.com

도서주문 —— 02-338-2282(전화) | 080-915-1515(팩스)

초판 1쇄 발행 2023년 4월 19일

초판 3쇄 발행 2024년 5월 27일

ISBN —— 979-11-978361-2-1 (43230)